자작나무를 타다

이경우 李鯨雨

강원도 원주에서 태어났다. 2004년 격월간 『시사사』 신인상으로 활동을 시작하였다. 시집으로 『치악통신』 『치악 송(頌)』 『행군』 『사물이 거울에 보이는 것보다 가까이 있지 않았다』가 있다.

이메일 noonbe20@hanmail.net

자작나무를 타다

초판 1쇄 발행 2024년 7월 20일

지은이 이경우
펴낸이 장길수
펴낸곳 지식과감성⁺
출판등록 제2012-000081호

교정 김지원
디자인 강샛별
편집 강샛별
검수 김나현, 이헌
마케팅 김윤길, 정은혜

주소 서울시 금천구 벚꽃로298 대륭포스트타워6차 1212호
전화 070-4651-3730~4
팩스 070-4325-7006
이메일 ksbookup@naver.com
홈페이지 www.knsbookup.com

ISBN 979-11-392-1991-3(03810)
값 16,700원

이 책은 한국예술인복지재단 일반예술활동준비금을 지원받아 발간되었습니다.

- 이 책의 판권은 지은이에게 있습니다.
- 이 책 내용의 전부 또는 일부를 재사용하려면 반드시 지은이의 서면 동의를 받아야 합니다.
- 잘못된 책은 구입하신 곳에서 바꾸어 드립니다.

지식과감성⁺
홈페이지 바로가기

자작나무를 타다

이경우 시집

시인의 말

  나는, 지금까지 내가 잘 알고 있다고 생각했던 것들이 사실은 제대로 아는 게 아니었다는 사실과 또, 내가 그 사실을 인지하지 못하고 있었다는 사실을 깨닫기까지 평생을 허비하였다.

2024년 여름 치악에서
이경우

차례

● 시인의 말　　　　　　　　　　　　　5

제1부 기도하는 마음

할아버지의 불탑	12
어스름 창가에 기대어 문득	14
시간의 집합체	16
마음으로 재는 시간의 무게	18
기도하는 마음	20
만족할 줄 아는 만족	21
동백의 시간	23
프라하에서의 기도	25
아무 말 말고	27
붕어빵에게	29
내리 근심	31
고독을 맞이하는 방식	32
뜸 들이기	35
너럭바위의 꿈	37

제2부 떠돌던 시간

떠돌던 시간	40
참을 그리며	42
치악에 주저앉은 불량감자	46
위대한 수업	48
이름 없는 달밤	50
무심과 사귀다	52
누옥 한 칸	54
자작나무를 타다	55
몸이 먼저 알고	58
까치 한 쌍	59
자격지심	60
태종대에서	61
서동로	63
산촌 엽서	66

제3부 세상만사

선택의 문	70
불공정을 위하여	72
공존의 방식	74
이 시간 어디선가는	75
백화점 가죽제품 매장 앞에서	76
세상만사 1	78
물을 물로 보지 마라	80
행간 읽기	82
마지막 중심	84
상실의 시대	86
세상만사 2	87
기인지우(杞人之憂)	88
빈집 증후군	90
어떤 가훈	92

제4부 쑥을 위하여

할미질빵	96
이팝나무꽃	97
애기똥풀꽃	98
작은 거인의 웃음	100
폭우	101
달맞이꽃	103
무궁화꽃	105
안개꽃	107
아카시아꽃	108
도깨비바늘	110
도꼬마리의 출가	111
개도둑놈의갈고리	112
쑥을 위하여	113
칡과 소나무	115

해설

이완우 자연에의 동화, 그 성찰과 존재의 근원	118

제1부

기도하는 마음

할아버지의 불탑

눈아
눈아
하얀 눈아

치악산 시루봉 미륵불탑 위에
올겨울 들어 제일 먼저 내린 하얀 눈아

내리려거든
서울특별시 종로구 송월동 서울기상관측소에 내렸어
야지

내리는 네 모습을
관측소 직원이 눈으로 직접 관측해야만
올해의 첫눈이라 인정할 것인데

눈아
눈아
하얀 눈아

치악산 시루봉 미륵불탑 위에
올겨울 들어 제일 먼저 내린 안타까운 하얀 눈아

어스름 창가에 기대어 문득

어느 날 아침 텃밭에서 만난 벌레 한 마리

가늘고 기다란 생의 두 자침으로
세상을 두드리며
제 식구들 근심 구하러 집을 나선
온전히 맨발이었던 그 벌레

뻗으면 손 닿을 곳에서
하루 벌어 하루 버티며 혼돈의 이 시대를 견뎌 내고
있는
또 다른 내 이웃이라는 생각에
나는 저녁이면 창을 열어 늦었을지도 모를
그의 귀갓길을 밝혀 주고는 하였는데

온 세상 한가득 연둣빛 찬란한 이 봄날 저녁

그림자 길어진 내가
자연의 철학자도 아닌 내가 새삼

존재하는 모든 것에는 원인이 있다는 말을 실감하여
일상의 끈 위에서 뛰어내려
카미노 데 산티아고 순롓길을 떠나고 싶어진다

영원할 줄만 알고 함부로
낭비해 버린 내 삶의 번아웃에 빠져 버린 내가
눈물로 떠났다가
웃으며 돌아온다는 그곳을 향해

시간의 집합체

밥상은 실로 엄청난 시간의 집합체이다

지금까지 나는 전혀 생각하지 못했다
밥을 먹는다는 것이
그 엄청난 시간을 먹는 것이라는 사실을

가령, 오늘 아침 우리 집 밥상의
하얀 쌀밥
새콤한 김치
노릇노릇하게 구워진 고등어
향긋한 산나물무침
구수한 우거지된장국

짭짜름하게 내 입맛에 간이 맞춰진 그 모든 것들이
세상에 나와 마침내 아침 밥상에 오르기까지
그들의 헤아릴 수 없을 만큼의 시간을 나는 먹은 것이다

오, 지금까지 내가 살아오는 동안
얼마나 많은
이웃들의 시간을 취해 온 것이냐?

그러니까 내 몸 또한
엄청난 시간의 집합체라 하겠다

그러므로, 나는
자기의 온 삶을
제 한 생애를
고스란히 내게 제공한 그들을 기억하며
언제나 경건한 마음으로 음식에 진심인 것이다

마음으로 재는 시간의 무게

나는 정말 버릇없는 인간이었다

자고로 우리나라는
나이 드신 어른 앞에서 공손하고
예의를 갖추는 동방예의지국이었는데

그러니까, 나보다 훨씬 오래전부터 우리 집을 지켜
온 마당바위, 밤나무에
가래침을 뱉거나 소변을 갈기기도 했었으니까

말은 못 해도 그런 나를 참 버릇없는 자식이라며 혀
를 찼을 것이다

햇볕이 따스하고
바람이 싱그러운 어느 봄날

동네 한 바퀴 산책길에 나섰다가 문득,
산과
햇빛과

나무와
집과
눈앞의 모든 것들이 나보다 더 오래전부터 이 마을을
지켜 왔을 거라는 생각에
마음이 갑자기 숙연해지는 것이었다

혀로 맛을 느끼고
손으로 촉감을 느끼듯
드디어 마음으로 시간의 무게를 느끼게 된 것일까?

아, 이제는 나도 좀 더 묵직한 사람이 되고 싶다
내 마음속 한 아름 시간의 무게 충만한

처음으로,

나보다 더 먼저 이 땅에 나온 모든 존재에게
나보다 더 오래 이 땅에 머무를 모든 존재에게
조건 없는 참마음을 가져야겠다는 생각이 드는 거였다

기도하는 마음

이른 아침입니다

치악산 구룡폭포 옆 깊숙한 바위 굴
간밤 누군가의 간절한 기도가 밝힌 촛불이 아직도 살아 있습니다

지극한 그의 마음이 타오르는 불꽃처럼 뜨겁게 전해 옵니다

보십시오!

구룡폭포 깊고 푸른 물길 따라 부처님에게 닿기를 바라는 염원이
저토록 눈물 되어 흐르고 있음을

만족할 줄 아는 만족

나 중학교 2학년 겨울
마지막으로 보았던 할아버지 꿈꾸는 듯한 눈빛으로
불두가 앉아 있다

이른 새벽 강냉이 자루 머리에 이고 길을 나섰다가
저물 무렵 돌아오는 어머니 손에 들린
고등어 한 손 바라보던 할아버지 엷은 미소로
불두가 앉아 있다
(할아버지는 오직 생선만을 좋아하셨다)

염천 한낮의 작살 햇볕도
한겨울 아침 문고리 쩍쩍 손 달라붙는 혹한도
아랑곳하지 않는 표정으로
불두가 앉아 있다

봄비 내리는 치악산 자락
굴러온 길 서러운 이 아무도 없이
부딪고 깨어진 상처투성이인 채로

잃어버린 제 몸인 양 남의 몸 위에 천연스럽게
불두가 앉아 있다

마음의 평안보다 더한 행복은 없다고
만족은 최상의 재산이라고

*만족할 줄 아는 만족은 항상 넉넉한 것이라고
표정으로 보여 주면서

* 도덕경에서 인용

동백의 시간

눈앞에서 툭! 동백꽃이 떨어집니다

지금 동백에 무슨 사연이 있는 걸까요?

어릴 적 친구들과 제기차기하다 떨어뜨린 제기 소리 같기도 하고
내 마음 적어 날려 보낸 종이비행기가
순이네 집 창문에 부딪히던 소리 같기도 하여
나는 잠깐 옛 추억을 떠올리기도 했는데

문득, 돌아서다 말고
애써 피운 꽃을 떨궈 버린 동백이 가엾다는 생각이 들어
가려던 길을 멈추고 다시 바라보게 되었습니다

동백이 고개를 숙인 채
떨어진 꽃을 향해 살 에인 듯한 표정으로
내려다보고 있는 모습을

다시 보니
오, 눈을 감지 못한 채로 뒹구는 앳된 뺨이 너무나
붉습니다

꽃이 졌는데
동백꽃이 졌는데
왜 내가 귀에서 울음이 나는 걸까요?

하늘은 푸르고 햇볕마저 따사로운 날
생의 절정에서 던져 버린 결연한 자존감에 소름이 돋
습니다
굵고 짧은 한생의 순간이 사뭇 처연하기만 합니다
죽어도 믿어지지 않는 주검을 여기서 봅니다
떠나도 보내지지 않는 영혼을 여기서 만납니다

백발도 아름다운 삶이라 말들 하지만
한낱 실 같은 세속의 끈을 자꾸 잡으려는 내 모습이
한없이, 한없이 부끄러워지는 것이었습니다

프라하에서의 기도

비 내리는 골목길을 보헤미안처럼 걸었지

후미진 골목을 지나는데
금세라도 카프카의 인기척을 느낄 것만 같았네

잃어버린 시간은 찾을 생각도 없이
노을빛 붉은 블타바강을 남겨 둔 채
카프카는 왜 프라하 탈출을 꿈꿨을까?

네모난 광장에는 어제의 바람이 지나고
사람들은 오늘도 청동 투구를 쓴 채
꼴레뇨와 굴라쉬
한 잔의 필스너 우르켈을 즐기고 있는데

광장 건너 성당 첨탑 위
낮달도 귀 기울이는 천상의 종소리는
서녘에서 얻은 나만의 신성한 구원의 메시지였어

오, 지금은 내 삶의 마지막 오목 변곡점의 시간
비에 젖은 카를교에 올라
네포 무크 신부 청동상 앞에서 소원 하나 빌어 볼까
싶어

비록 카프카만큼은 아니더라도
먼 후일 어느 날까지는 내가
나에게 부여할 수 있는 멈추지 않는 용기를 갖게 해
달라고
가슴에 남을 한 줄 위한 붓방아질을 멈추지 않게 해
달라고

아무 말 말고

치악산 등반이 처음인 내게 친구가 말한다

시루봉 미륵불탑을 올라 보지 않았으면
아무 말 말고 내 뒤를 따라오기나 하라고

암말 안 하고 친구 뒤를 따라가다 보니
산바람이 팔짱 끼며 함께 오르자 한다

한결 가벼워진 마음으로 뒤따라 오르는데
암말 안 하고 따라가던 내 가쁜 숨소리가
어느새 바윗돌에 부딪혀 비틀거리기 시작한다

삶이란, 존재의 의미를 찾아 가는 과정이라고
좋은 물건, 음식, 장소보다
그것을 대하는 참마음이 중요하다고

그러니까, 진정한 행복은
지금, 이 순간 하는 일을 즐거워하고
가진 것에 대하여 만족해하는 것이라고

보다 못한 산바람이 답답한 듯
암말 안 하고 내 등 뒤를 밀면서 오른다

바위 옆 보랏빛 철쭉도 안타까워
암말 안 한 채 측은한 눈빛으로 쳐다보기만 한다

눈 부신 햇살도 굽어보기 미안한 건지
암말 안 하고 서둘러 구름 뒤로 숨어 버린다

붕어빵에게

설날 아침
어느새 머리칼이 희끗희끗해진 아들이 이야기한다

옛날 통일 아파트 살 때
유치원 갔다 오는데 어떤 군인 아저씨가 나보고,

"너, 이경우 아들이지?" 하더라고

그때, 뜬금없이
내 머릿속을 스치듯 지나가던,

임진강 하구 고랑포 갈대밭의 새벽달
바다 건너 무더위 속 밀림의 모기떼

울산의 페인트 공장
동두천 크롬 냄새 진동하던 가죽공장에서
삶을 쫓아 앞만 보고 달려갔던 지난날들

나는 웃으며 속으로 말했다

그래, 아들아!

너는 부디
네 삶을 네가 이끌어 가면서 살아라

내리 근심

망백의 노모는 지금도 머리 허연 자식을 근심하신다

운전 조심하라고
코로나 조심하라고

내 나이가 얼만데 아직도 걱정이냐고 하면
골백살을 먹었어도
자식은 그냥 자식일 뿐이라고 하시면서

어느 날
불혹을 훨씬 넘긴 자식의 문안 전화를 받으며
나도 근심을 하고 있었다

운전 조심하라고
코로나 조심하라고

머리 허연 자식 근심하시는 노모와 꼭 같이

고독을 맞이하는 방식

자만은 후회를 고대하는 마중물이다

그 마중물을 붓고 나면 머지않아 제 자만을 깨닫게 된다
그때는 이미 버스 떠나 버린 후다

나는 어려서부터 넉넉한 살집에 동안을 가지고 있었다

그것은 순전히 어머니가 물려주신 것이었는데
친구들은 노골적으로 나를 연하 취급했지만
나는 그들을 탓하지 않았다
그다지 기분 나쁜 일은 아니었으므로

어느 날 한 친구가 말했다
"난 요새 몸이 너무 안 좋아 영양제를 먹고 있다네"

"그래, 이젠 우리도 영양제를 챙겨 먹어야 할 나이지"

그 무렵까지 나는, 딱히
영양제에 관심이 없었던 터라 무심하게 대답했었다

그랬던 내가 언제부턴가
나도 모르게 텔레비전 광고를 주시하고 있었다
암만해도 내 몸이 예전 같지는 않았기 때문에

바야흐로 세상은 건강보조식품 전성시대
혈액 순환에서 관절 보호, 눈 건강에 이르기까지
텔레비전 채널을 돌릴 때마다
젊고 예쁜 쇼핑호스트들의 온갖 감언이설에 귀가 솔깃해진다

이제는 내 얼굴에도 검버섯이 피어나고
서리 내린 정수리가 까치집처럼 파였으니
넉넉한 살집에 동안 피부였던 그때가 그리워지는 나이

머잖아 고독과 타협해야만 할 내 몸의 시간일 것인데
더 늦기 전에
어디선가 들어 본 노예 계약 방지를 위해서라도
잠깐의 희화적 위장술이긴 하지만
머리카락에 먹물도 입히고

내 몸의 원군이 되어 줄
건강보조식품이라도 챙겨 볼까 싶어
목하 텔레비전 화면에 시선을 보내는 중이다

뜸 들이기

오랜만에 시골집에 들어서는데
식사 준비를 하시던 망백의 노모께서
주방 가스레인지 불을 줄이며 말씀하신다

지금 저녁밥 뜸을 들이는 중이니
조금만 기다리라고

나는 시장기가 일었지만
오래 묵은 된장으로 끓인 찌개 같은 그 말씀을
입가심 삼아 잠시 음미하기로 한다

막 걸러 내 효모가 살아 있는 막걸리처럼
지난해 입동 날 담근 거라며
처음 꺼내 차려 주던
아내의 밥상 위 새콤한 김치처럼
삶의 마디마디에는 언제나
나름의 숙성 시간이 필요한 것인데
잠시 들른 시골집에서

우연히 듣게 된 이 틈이라는 단어
보약만큼이나 값진 말씀이 아닌가 싶다

지금까지 나는 더 빨리, 더 많이만을 생각하며 달려
왔는데
진정 어떤 행복과 마주하며 살아왔는지 돌아보면서
이 마음이 앞으로 부디 습관이 되고 일상이 될 것을
다짐해 본다

오늘 틈이라는 노모의 말씀이
이제는 나도 나이답게 익어 가는 시간이 필요하다는
훈계 아닌 훈계일 거라는 생각이 지워지지 않는다

환생하신 신사임당이 하실 법한 한마디 은유적 그 말
씀이

너럭바위의 꿈

할 수만 있다면, 나는
볕 안 들어 어둑한 치악산 깊은 골짜기에서
비탈길 지키는 너럭바위로 지내고 싶다

해와 달, 별을 벗 삼아
물소리 바람 소리로 눈과 귀를 씻으며
적막한 고독에 한없이 깊어진 채
혼자서도 봄날을 견디어 내는 비탈길 옆 너럭바위로

성내고 미워하며 살아도 세월은 흐르고
조금은 모자라고 부족해도 큰 손해 볼 것 없는 세상

속을 줄도 알고
물러설 줄도 알면서
알아도 모른 척
몰라도 모른 척 속없는 미소를 보내리

서 있어도 기울어지는 비탈길일지라도
아무리 이익 좇아 서슴없이 낯빛 바뀌는 세상이라 할 지라도
여일한 참마음으로 그 자리 지켜

오는 사람 막지 않고
가는 사람 잡지 않으리

누구라도 무거워진 발걸음
아무런 눈치 볼 일 없어 부담 없이 머물다 가는

할 수만 있다면, 나는
볕 안 들어 어둑한 치악산 깊은 골짜기에서
비탈길 지키는 너럭바위로 지내고 싶다

제2부

떠돌던 시간

떠돌던 시간

삶을 따라 떠돌았다

치악에서 논산으로 논산에서 광주로 광주에서 대전으로 대전에서 백학으로
백학에서 고랑포로 고랑포에서 적성으로 적성에서 횡성으로 횡성에서 베트남으로
베트남에서 서울로 서울에서 다시 대전으로 대전에서 다시 서울로 서울에서 대구로
대구에서 영주로 영주에서 원주로 원주에서 화천으로 화천에서 다시 원주로
원주에서 부산으로 부산에서 울산으로 울산에서 의정부로 의정부에서 다시 서울로
서울에서 인천으로 인천에서 결국 치악으로

바람처럼 떠돌았다

숨이 차게 떠돌았다

돌이켜 보면 나는 언제나 떠도는 삶이었다
떠돎을 통하여 삶을 만났고
떠돎을 통하여 삶을 읽고 삶을 해석하는 능력을 키웠다

그리하여 인생의 능력은 결국 삶을 해석하는 일이라는 걸 알게 되었다
그것은 매우 부끄러운 일

그간의 내 떠돎은
기쁨의 탄성
혹은 한숨과 탄식으로
때로는 절망의 눈물로
때로는 희망의 메아리로 다가오기도 했었다

이제 내 생의 창고에는 해석 능력의 세계로 가득 차 있지만
나는 오늘도 지속적인 그것들의 보존을 위하여
끊임없이 새로운 공기를 불어 넣는 중이다

참을 그리며

1
세상에 이보다 더 신성한 것은 없다

거짓 혹은 가짜의 반대말로
진짜라는 뜻과 으뜸이라는 의미를 지닌 말

나는 진짜를 만나기 위하여
매일매일
지면의 바다를 노 젓고
텔레비전 채널들을 넘나들고는 한다

들썩대는 팔랑귀를 진정시키며
아슬아슬하게 그 사이를 비켜 다닌다

2
구름이 태양을 가리는 때가 있다
하늘이 온통 검은 구름으로 가득했을 때
사람들은 태양이 사라졌다고 생각한다
그러나 그것은 사실일 뿐 진실은 아니다

극심한 가뭄이나 무더위 속 검은 구름이
벅찬 희망으로 다가올 때
사람들은 잠깐 태양의 존재를 망각하기도 한다

아, 가엾은 태양이여!

만약 우리 모두 가뭄이나 무더위에 대한 불안이 해결되다면
굳이 구름 그늘 세상에 머리 기대지 않아도 될 것인데

오, 나의 부처님
내 몸의 얼음을 빼앗아 간 허약한 나의 부처님

3
세상에는 여전히 뼛속까지 참인 것들이 존재한다
그 이름도 거룩한,
참나무
참꽃
참나물

참깨

참개구리

참새

참치

참빗

.

.

참말

어둠을 밝히는 등불 같은, 혹은
기울어지는 운동장을 바로 세우는 수평계 같은

그러므로 태양이여!
낙심하지 않아도 된다 구름은
있다가 없어지고 없다가 생겨나는 존재
머잖아 다시 사라질 것이므로

4
오늘도 나는 빛나는 태양을 위해 기도한다
빛이 잠시 구름에 가릴지라도
다시 밝은 얼굴을 맞이할 수 있기를

태양이
외면당하지 않고

태양이
막힘없이 비칠 수 있기를

우리 사는 방방곡곡
밝은 빛이 고루 비치는 따듯하고 아름다운 세상이기를

가슴에 노란 리본을 달고

치악에 주저앉은 불량감자

치악산에 눈 내린다
힘주어 내린다

내리는 게 아니라
이건 아예 쏟아붓는 거다
흐릿한 세상 명징하게 덮어 가리려는 듯이

아, 나는 이제 서울이 아닌
치악산 기슭 허름한 누옥 우졸재에서
힘 빼고 사는 세속적 은둔의 불량감자

치악산에 내리는 눈은
운곡(耘谷) 원천석의 무명 흰 두루마기 같은 눈

그가 꿈꿨던 새하얀 세상이
눈이라는 이름으로 불량감자 머리 위에 내린다

새해 새 희망처럼 눈이 내린다
내가 사는 우졸재의 희망은 흐릿하지만
감자 전분 같은 하얀 눈이 목마름으로 내려앉는다

목마름은 꽃을 피우지 못하는 안타까움
고깔 바위 속으로 은신해 사라진 눈발처럼

치악산에 눈 내린다
함박눈, 불량감자처럼 치악에 주저앉는다

위대한 수업

시골에 내려와
난이나 치면서 살겠다던 내 생각은
치명적 오산이었다

극성맞은 잡초가 텃세라도 부리려는 건지
오목눈이 둥지 뻐꾸기 탁란처럼
숟가락 하나 얹어 놓고
차려 놓은 남의 밥상을 차지하려 들기 때문이다

나도 한때는
바다 건너 밀림을 헤집던 역전의 용사

초록 피의 향내 진동하도록
일전도 불사했지만
복수전이라도 펼치듯 다시 또 벌떼처럼
사방에서 들고일어나는 거였다

지금까지 나는 내 의지대로만 살아왔다
이웃들과 타협할 줄 모르고
이웃에게 양보할 줄도 모른 채

긴긴 여름 다 가도록
일진일퇴의 지난한 싸움을 벌였으나
끝내 자존감에 깊은 상처만 입은 채
세상은 어느 한 것의 전유물이 아니라
서로가 한데 어울려 공존한다는 것을 알게 되었다

자연의 섭리를 따라
자연스레 자연에 스며들어야 한다는 것까지도

뿌린 대로 거둔다는 진리를 몸소 실천하는 시골 사람들
서두르지 않는 삶의 미소가 왜 안온해 보이는 건지
마음이 점차 겸허해지는 날들이다

이름 없는 달밤

윗마을 언덕에서 사백 년 세월을 견뎌 온 노송도
서편으로 기우는 시간입니다

달빛은 하염없이 내리고
오늘따라 금빛 물든 마을 풍경이 한없이 낯설게 느껴
집니다

고요가 두려웠는지 아랫집 검둥이 녀석
자꾸만 적막을 물어뜯어
영산 나무 위 백로 한 쌍 몸을 뒤척이게 합니다

구룡사 범종 소리도 잦아들고
나도 그만 시답잖은 붓방아 찧기를 멈춥니다

시간은 아무런 걱정도 없이
어느새 다시 또
보랏빛 철쭉의 계절을 배웅하려 하고 있습니다

나는 평정되지 않는 마음에 뒤란으로 나와
푼푼한 달에 얼굴을 비춰 봅니다

익숙해져서인지 그리운 건 다 잊었습니다
다만, 어쩌지 못하는 외로움이
계수나무 그늘처럼 드리워져 있을 뿐입니다

*문이야 달아 놓았지만
찾아오는 이 없어 항상 닫혀 있기 때문인가 봅니다

* 귀거래사에서 인용

무심과 사귀다

이즈음 분주한 일이 없는 나를 나 스스로 다독여 준다

한편으로는, 나는 왜
분주할 일이 없을까 자책도 해 보다가
분주한 일이 없다는 건 겨를이 생겨
여유를 누릴 수 있게 되었다는 생각이 들어서
잊고
버리고
피하고
넘고
건너
첩첩산중으로 스며든 어떤 은사처럼
가끔 적막이 울창한 태종대를 찾아 마음을 가다듬는다

흐르는 주천강 따라 나도 함께 흐르다 보면
무심하게 맞아 주는 태종대

바람도 무심하게 노송들 잎새를 스쳐 지날 뿐
산새마저 눈길 한번 주지 않은 채 날아가는 곳

어차피 분주할 일이 멀어진 이즈음에
보거나 듣는다 해도
이내 씻거나 스쳐 버리고 마는 눈과 귀이지만
물소리 솔바람 소리 무성하고
붉게 물든 단풍이 지천인 태종대에서
잠시나마 한껏 무심해져 보기로 한다

강물은 흘러가고 바람이 불어오는 것처럼
해는 동쪽에서 뜨고 어김없이 서쪽으로 지는데
비바람 속에서도 멈추지 않고 서산을 넘어갈 것인데

분주할 일이 없어 분주하지 않은 내게
분주하게 살아왔던 지난 시간을 꺼내 보이면서
이제는 나에게 미안해하지 않기로 한다

하늘을 지나는 흰 구름처럼 그저 무심해지기로 한다

누옥 한 칸

지하철역 입구 계단에서 새우잠 자고
이른 아침 화장실에서 세수하는 노숙인을 보는 마음
으로,

바라본다

된서리가 하얗게 내린 아침

물안개 자욱한 냇가 갈대밭에서
몸단장하고 있는 물오리 한 쌍을

자작나무를 타다

새로 입주한 아파트 정원에
나이 든 자작나무 몇 그루도 이사를 왔다

종잇장 같은 얇은 해진 옷을 걸친 자작나무
앳된 여자애들의 웃음소리 같은 흔들림도 멎은 채
얼굴이 잿빛처럼 창백해진 자작나무

어느 먼 곳에서 나처럼 떠돌다 여기까지 왔는지
하얀 기둥과 가지 끝으로 갈수록
하늘하늘 가늘어지는 섬세함이
낯선 환경 적응에 한동안 힘겨울 듯해 보인다

생각해 보면 우리는 모두가 떠도는 몸들이다
꿈을 찾는 일이거나
꿈을 포기하는 일이거나
이사를 한다는 건
공들여 가꾼 제 삶의 보금자리가 근본부터 흔들리는
일이지만

다시 또 말뚝 박고 천막 치고 도랑 치며
더 나은 삶을 위해 최선을 다해야만 하는 것

대저, 사람의 일생이란 그 부모가 그러했듯이

제 꿈을 위해 혹은 가족의 행복을 위해
검은 털 무성하던 팔다리가 민둥산 되도록 일하다가
어느 날 허락도 없이
무릎관절에 찬바람 들락이는 세월 맞이하는 것

살다 보니 세월이 알려 준 게 하나 있다
삶이란, 눈앞에 닥치면 솟아날 구멍이 생겨난다는 사
실이다

스치는 바람마저 낯설어하는 저 자작나무에게
그림자 길어진 내가 전해 줄 무엇이 있을까만
자신 있게 한마디 이 말은 말할 수 있겠다

이 모든 고통 또한 시간이 해결해 준다는 것
공들여 가꾼 삶의 보금자리가 수없이 흔들려 보아서
이골이 난 내가

몸이 먼저 알고

한 해 두 해 세월 가다 보니 어느새,

눈이
점점 침침해지고

귀는
차츰 어두워져 가고

무릎도
자꾸만 시큰거리더니

이제는 기억마저 아득해지는 것을 느끼게 된다

아마도 몸이 내게 신호를 보내는 것 같다

이제부터는,

더 자중하고
자중해야 한다고 몸이 먼저 알고

까치 한 쌍

뒤란 대추나무 가지에 까치 한 쌍 날아와 지저귀네

어제 아침에도
오늘 아침에도

엉덩이를 들썩이며 신나게 지껄이는 녀석들
흡사 내게 아침 문안 인사라도 건네는 듯하네

나는 한참을 창문 너머로 입을 벌리고 바라보네

명절이나 혹은 생일이 되어서야 비로소
얼굴 한 번 만나 볼 수 있는 자식들을 떠올려 보면서

자격지심

어젯밤 책 보고 시 쓰느라 밤을 밝혔네

다 된 아침에야 겨우 한숨 잘까 누웠는데
뒤란 대추나무 가지에
몰려온 참새들의 수다로 잠이 오지를 않네

하도 바깥 상황이 시끌시끌하여 유리창 너머로 내다 보니
떼로 모여 앉은 참새들
힐끔힐끔 곁눈질하며 지껄이는 품새로 보아
암만해도 나를 두고 빈정거리는 것만 같네

시답잖은 시 써 놓고
무슨 놈의 늦잠씩이나 자려 하느냐고

태종대에서

치악산 강림 부곡 골짜기 주필대
다시 검은 바위 절벽 아래 섰다

그사이 여러 해가 바뀌었는데
지금도 생각이 난다
어제 일처럼

소유를 주장할 수 없는 산꼭대기 작은 바위 굴
마음으로 세금을 내며 살던 곳

그곳에서
'운곡은 얼마나 미안해하며 살았을까'라며
변암을 마음의 독락당으로 품기라도 한 양,

'늘 나라는 존재는 별것 아니라는 생각을 잊지 말자'
던 시인의
시간은 가도 더욱 가슴에 새겨지는 그 말

계곡 바윗돌 사이로 쏟아지는 폭포 소리 여일한데,

그때 그날처럼
별것 아닌 나라는 존재를 둘러싸고 있는 울타리는

여전히,

사방바람
하늘 지붕, 그리고 적막뿐

서동로

원주시 소초면 학곡삼거리에서 동해시 동해항 교차로
까지
강원도를 서동으로 잇는 도로라 해서 붙여진 이름

인천에서 동해항 교차로까지
동서 팔백여 리 한반도 허리춤을 가로지르는
아득히 멀고도 먼,

국도 42호선의 강원도 지역인 이 길을
나는 매우 불공정한 길이라고 생각한다

수도권 구간은 4차선과 6차선 탄탄대로이건만
강원도 방향은 아직도 구불구불 2차선 그대로인데
그래도 포장은 되어 있으니
그게 어디냐고 웃고 앉아 있는 바위 아래 돌부처들

밤이면 통나무 트럭이 가쁜 숨 몰아쉬며 지나가고
동해의 바다 비린내 가득 실은 생선 차도 지나가고
후생사업 쓰리쿼터가 히죽대며 오가던 길이었건만

영동고속도로가 생겨나고
몇 해 전부터는 경강선 고속철도까지 달리다 보니
오, 이제는 산간 지역이나 서로 연결하는
별 할 일 없는 뒷방 노인 신세 같은 길

가끔은 우울한 마음 몰고 나와
이 길 따라갔다 돌아오곤 하는데
그때마다 나는 생각하네
이 길 따라갔다 돌아서지 않았거나
혹은 돌아오지 못한 사람들을

초등학교 겨울방학 날 훌쩍이며 서울로 가던 그 여자애
진달래 방긋 웃던 봄날 바람처럼 사라진 윗마을 새댁
한 분 두 분 병석에 누웠던,
상두꾼 앞소리 따라 떠나가신 어르신들
우리 할머니, 할아버지
입춘을 며칠 앞둔 어느 해 아버지까지

오늘도 나는 이 길 따라갔다 돌아왔다
할머니와 할아버지
아버지가 그랬던 것처럼 나 또한 언젠가는
이 길 따라갔다가 돌아오지 못할 그날의 나를 생각하면서

산촌 엽서

미안하지만 그 손을 내려 주었으면 합니다. 푸르던 꿈과 빛을 그 부푼 살집의 그림자로 가로막던 당신을 이제는 잊어 주겠습니다. 세상에서 가장 선량해 보이던 그 가면 너머 번들거리던 눈빛도 지운 지 오랩니다. 지금도 여전하겠지요. 어련하겠습니까. 강물은 흘러가고 시곗바늘은 돌아갑니다. 다만, 종이 울려도 문은 열리지 않을 겁니다. 나의 푸른 꿈 그 싱그러운 향기를 송두리째 빼앗아 버린 낯빛 두터운 당신의 방문은 원찮기 때문입니다

말로는 부드럽게 속삭이면서
몸으로는 갈라치던 당신의 역겨운 두 겹의 얼굴
이제는 단호히 거부합니다

무심하게 찾아오는 물소리, 솔바람 소리
마당 가 소나무 가지 위
작은 새 한 마리의 방문을 나는 환영합니다

균등합니다

공정합니다

정의롭습니다

해 지면 별들만 총총해 한없이 고적한 산간마을 이곳은

제3부

세상만사

선택의 문

밤사이 텃밭에 또 산짐승이 다녀갔나 보다

어지러운 발자국
갓 피어난 콩잎에 새겨진 선명한 이빨 자국

동네 사람들 말로는 고라니 소행일 것이라 했고
새끼 딸린 어미 한 마리가
밤이면 수시로 나타난다고 했다

안타까우면서도 문득
숲속 작은 옹달샘 같은 눈망울이 떠오른다

긴장의 끈을 움켜쥔 채
심장을 졸였을 그 어미의 심정이 느껴진다

산이 가까워 마을 집 주변에 자주 나타나는 산짐승들
늦은 밤이면 어둠 속에서
삶을 위한 필사의 흔적을 남기곤 한다

산다는 것은 어쩌면
끊임없이 선택의 문을 찾아 나서야 하는 일

허기진 새끼가 이어 가야 할 내일을 위하여
모험일 수도 있는 문을 열어야 하는
오, 어미의 아슬아슬한 선택의 순간들이여!

오늘 밤도 녀석들은
어디론가 제 발자국을 찍으며
낯선 어둠 속 또 다른 선택의 문을 향하여
힘겨운 발걸음을 옮기고 있을 것이다

불공정을 위하여

여기 평등이라는 이름의 불공정이 있다

불공정의 사전적 의미는
공평하고 올바르지 않음이다

그러니까, 이 불공정은 시간과 공간의 차별
이곳과 저곳
현재와 과거의 간격을 없애 주는 능력이다

한여름의 찬 아이스크림
엄동의 붉은 장미꽃

한낮의 어두운 극장
혹은, 한밤의 밝은 가로등

이 불편 없는 불공정을 사람들은 불평하지 않는다
오히려 평등을 누린다고 생각하는 것이다

그러므로 불공정이여, 겸손해하지 않아도 된다
너는 우리의 희망이며 미래이니까

다만, 불공정은 알고 있다
평등이 불공정을 더욱 심화시키고 있다는 사실을

불공정을 위하여
오히려 시간을 보고도 느끼게 하는 마음을 사라지게
한다

계절의 빛의 변화를 보지 못하고
눈과 마음을 멀게 유인하는 것이다

공존의 방식

물이 흐르는 계곡에
커다란 바위가 불편한 자세로 누워 있습니다

간밤에 내린 폭우에 불어난 물이
바위를 밀치듯 흘러넘칩니다

고요하던 계곡이 돌연 긴장합니다

산이 서둘러 제 몸집을 조금씩 줄여 물길을 터 줍니다

바위도 성격을 누그러뜨리고
자세를 고쳐 누우며 물길을 돕습니다

긴장하던 계곡이 천천히 일상으로 돌아갑니다

이 시간 어디선가는

염천의 작살 햇볕이 쏟아지는
지금,

이 시간 어디선가는
지렁이 한 마리가 알몸으로
검은 아스팔트 길을 기어 가고 있을지도 모른다

양산은커녕
한 폭의 그늘 가림막도 없이

백화점 가죽제품 매장 앞에서

네가 만약,

밤샘 태고 속 무두질의 고통을 견뎌 내지 못했더라면 너는
네 필생의 염원인 자유롭고 화려한 여행을
다음 생의 몫으로 남겨 둔 채
마지막 수구레마저 보시하고는
고단했던 한생을 속절없이 마감했을 것이다

오, 암흑 속에서 영혼까지 털리는 무두질의 그 고통이여!

고통은 성장통이다
성장은 생존자의 몫이고
성공은 인내한 자에게만 부여되는 축복이다

마침내 한 평 가죽이 되어
세상과 마주 서는
너는 천의 얼굴을 가진 변신의 귀재

코트, 점퍼, 구두, 장갑, 핸드백, 벨트, 지갑, 북….

돌진하라!
세상을 향해 채찍질하며
말 위에서조차 단호해 쉬이 해지지 않는 불굴의 근성까지

두드리면 몸으로 울고
손에 들거나
몸에 걸치면
진정한 귀족의 품격으로 다시 살아나서는,

산 넘고
강 건너
불빛 화려한 이곳까지

비로소 자유로이 더 넓은 세상을 활보하고팠던 네 필생의 염원을 이룬!

세상만사 1

전봇대와 나뭇가지 사이에 팔문금사진(八門金蛇陣)을
친 무당거미

제 가족의 근심을 구하기 위해 나온 듯
천천히 다가오는 말벌 한 마리

어서 오라고
반갑다고
같이 놀자고

갑자기 그네를 타기 시작하는 무당거미
트램펄린 높이 뛰기에
빙글빙글 줄넘기까지

세상엔 언제나
뛰는 놈 위에 나는 놈이 있는 것

얄팍한 그 꼬임에 넘어갈 내가 아니라고
네 맘 나 다 안다는 듯

언감생심 기는 놈이 어디 감히 나는 나를 넘볼 수 있느
냐고 하듯

호기롭게 무당거미 진영을 한 바퀴 둘러보고는
등 돌려 멀리 사라져 가는 말벌

눈앞에서 내일을 이어 갈 양식을 놓쳐 버린 무당거미
애써 표정 관리 해 보려 하지만
민망한 시선 어쩌지 못해 미동조차 하지 못한 채
저 혼자 머리 박고 반성 또 반성 중이다

물을 물로 보지 마라

물을 물로 보지 마라

물이 어디 남의 뒷물이나 닦아 주고 있다고
물에 물 탄 듯
술에 술 탄 듯한 성격인 줄 아느냐?

내가 독감으로 온몸이 불덩이 같았을 때
밤새 수건 적셔 찜질해 주던
배꽃 같은 미소를 가진
우리 누님 마음 같은 줄 아느냐?

보았느냐?

제 성질 저도 어쩌지 못해
한 해 한두 번은
길을 무너뜨리고
들판을 쓸어 버리고
집을 부숴 버리고

사람까지 집어삼키며 화풀이해 대는 저 괴물 같은 모습을

들었느냐?

마주치는 그 누구라도 가리지 않고
무조건 표정부터 일그러지며
회피하지 않으면 시비 걸어 몸싸움으로 언성 높이는
저 소리를

행간 읽기

마당가 바위 옆에서 고양이가 졸고 있다

눈을 감고 잔뜩 몸을 웅크린 채
오후의 햇살을 즐기고 있었나 보다

내 인기척에 놀란 듯
재빨리 몇 걸음 물러나더니
다시 뒤돌아보며
알 수 없는 울음소리를 내는 고양이

내가 다가가면 다가간 만큼 물러나고
멈추면 다시 멈추고
가깝지도 않게, 멀지도 않게
그러니까, 완전 불가근불가원이다

오, 고양이는 지금 내게 무슨 말을 하는 걸까?

멀지도 않고
가깝지도 않은 고양이와의 사이에서
나는 잠시 관계에 대하여 생각해 본다

너무 가까우면 그 가까움을 악용하거나
호의를 권리쯤으로 착각하기도 하고
너무 멀리하면 그 먼 간격으로 금세 소원해지고 마는
사람과의 관계

쳐다보는 고양이의 눈빛이 간절해 보인다
울음소리마저 사뭇 애처롭게 들린다

고양이는 분명 내게 무슨 말을 하는 듯한데
행동으로 내게 제 마음을 보내는 것 같은데
눈과 눈 사이
입과 귀 사이, 그러니까
고양이와 나 사이 그 행간이 참으로 멀고 난해하다

끝내 석양빛 따라 고양이가 어디론가 사라질 때까지도

마지막 중심

치악산 둘레길을 걷다가 소나무 그루터기를 만났다

육신은 세상에 보시하고
넋마저 떠나 버린 한 그루 소나무 그루터기

한때는 솔향기 흩날리며
우렁찬 솔바람 소리로 계곡을 흔들었을 거다

비는 비로, 바람은 바람으로 막으며
한겨울에 더욱 푸르러
모두의 부러움을 한 몸에 받았을 것이다

가끔은 어디선가 자라고 있을
제 모습 빼닮은 어린것들을 생각하며
흐뭇한 미소를 머금기도 했을 것인데,

나는 오늘 엄연한 한생의 마지막을 목격한 것이다

한 몸을 이루었던 몸을 잃어버린 중심
해와 달과 멀어진 중심

물과 바람, 가족과 이웃들 모두와 헤어진 마지막 중심이

천천히
아주 천천히
소리도 없이

눈과 비를 맞으며 바람 속으로 스러져 가는 모습을

상실의 시대

서울 하늘 아래 어디선가
오늘 또 생때같은 젊은 가장이 세상을 내던졌다는 소식

삶의 무게를 견디지 못해
꽃보다 아름다운 청춘이
사랑하는 가족마저 외면하기까지

오, 마지막 한 가닥 지푸라기라도 잡고 싶은 심정으로
얼마나 많은 불면의 밤을 보냈을까?

늦은 밤,

저 찬란하게 빛나는 한강 변 가로등 불빛은
또 얼마나 원망스러웠을까?

세상만사 2

1
육식동물은 초식동물이 없으면 살지 못하고
초식동물은 식물이 없으면 살지 못하며
식물은 물과 빛이 없으면 살지 못하는데

2
올챙이는 잠자리 유충의 먹이가 되고
잠자리는 개구리의 먹이가 되는데

3
단 하루 성충으로서의 삶을 위하여
하루살이는 물속에서 수백 일을 유충으로 사는데

4
지금이야 당신의 힘이 강하지만
훗날 시간은 당신의 힘보다 훨씬 더 강하다고 하네

*기인지우(杞人之憂)

한겨울인데
서울 어디선가 개나리꽃이 피었다는 소식이다

사람들이 말한다
온난화로 지구가 신열이 났기 때문이라고

그러고 보니 그런 것 같다

빗물 한 방울마저 인색하던 열사의 땅에
때아닌 홍수가 났다고 하고
또 어디선가는 끝없는 가뭄으로
푸르러야 할 산천이 한 달째 산불에 휩싸였다고 하는데
왔다 하면 폭설이요
내렸다 하면 홍수가 나는 지구촌
세상이 온통 뜬금없는 자연현상들뿐이다

해가 지면 밤이 오고
밤이 지나면 아침 해가 뜬다
틀림없이

가을 가면 겨울 오고
겨울 지나면 봄이 온다
어김없이

그것은 은하의 변두리에 자리 잡은 지구가
하루 한 번 쉬지 않고 맴돌기 때문이고
일 년에 한 바퀴
늦지 않고 태양을 돌아오기 때문인데

한겨울에 신열이 났다면 독감이 분명할 터인데
오, 우리 사는 지구 어쩌면 좋아

혹여, 어느 날 갑자기
월차(月次) 내고 하루 쉬는 건 아니겠지?

* 옛날 중국 기(杞) 나라에 살던 한 사람이 '만일 하늘이 무너지면 어디로 피해야 좋을 것인가?' 하고 침식을 잊고 걱정하였다 함.

빈집 증후군

개울 건너 계곡 입구에 버려진 집 하나 있다

그러니까 몇 해 전 주인이
적막한 고요가 싫어
불빛 쫓는 나방처럼 도시로 떠난 것인데

버려진 집은 지금 제 처지 알 길 없어
하염없이 주인 기다리는 개처럼
이제나저제나 떠난 주인 기다리는 표정이다

오늘도 하루 종일 한길만 응시하다
애꿎은 저녁노을 원망하며 어둠 속으로 잠겨 드는데
한때나마 저 집을 사랑했던 주인
혹여, 버리고 간 집의 비애를 생각이나 하고 있을까?

빈집을 바라본다는 것은 가슴 아픈 일이다

새것에 밀려나는 헌것의 버려짐이 아니라
힘겹게 세월을 견뎌 온 저 집의 존재가 주는
고증적 관념만이 아니라

그간의 시간에 스며든 삶의 짙은 이력 때문에 그렇다

아마도 저 집주인도 내 나이쯤 되고 보면
오래된 시선으로 지나간 추억들을 바라보게 될지도 모르겠다

한없이 고요하고 삶의 냄새 짙게 배었던 옛집의 그날들을

어떤 가훈

신혼 초 셋방 주인집 거실벽에 걸린 가훈을 보고
참 낯설다는 생각을 한 적이 있었지요

성공을 위한 다짐이나
삶을 대하는 마음가짐
혹은, 집안의 화목 등의 내용을 주로 하는 것으로 보아 왔는데
가훈이 '노하지 않는다'라고?

과일 장사를 한다는 초로의 주인집 부부

세상의 모든 갈등은 화로부터 발생한다고
이 땅에 잠시 여행 온 것과 같은 우리의 삶인데
우리 서로 다름을 존중과 이해로
사소한 일에 화내거나 다투지 않는다는 의미라고 했지요
그러니까, 가정에서 혹은
민중들의 생활에 삶의 맥박을 공급하는 시장에서
다툼 없는 세상이 되었으면 좋겠다는 것이었다는데

노하지 않는다면,

우리 모두 화내지만 않는다면
세상은 얼마나 평화로워질까?

지극히 평범한 것이 가장 비범하다는 것을 보여 준
'노하지 않는다'라는 주인집 그 가훈

이제 와 새삼스럽게 다시 새겨 봅니다

자신을 다스려 이웃 모두와 화목한 관계를 유지하려 하던
주인집 부부의 숭고한 정신을

'노하지 않는다'라는 가훈의 참의미를!

제4부

쑥을 위하여

할미질빵

그 짐을 거두어 내게 넘겨 다오

세상에 나와
대책 없이 자식만 생산해 낸
나는 죄 많은 사람

너희 삶의 그 무게는 오롯이 내가 지고 가야 할
내 업보인 것을

야위어 가늘고 긴 팔다리가
참으로
질기고 질기어서

바람 든 관절 마디마디
푸른 물이 배어나도록 간절함이 피워 낸

여리디여린 하얀 꽃

이팝나무꽃

이팝나무꽃이 피었습니다

올해도 어김없이
큰길가 이팝나무 가로수에
밥사발 같은 하얀 꽃이 피었습니다

이팝나무꽃을 보면,

이팝나무꽃을 보면
지금도
붉은 오뉴월
허기진 어린아이 눈빛으로 지켜본
방앗간집 그 하얀 쌀밥이 생각납니다

꿈속에서도 나타나던,
방앗간집
온 식구 소반에 둘러앉아 사발 한가득씩
행복하게 식사하던 그 하얀 쌀밥

애기똥풀꽃

나 어렸을 적 우리 집 사랑방에 젊은 부부가 살았었
는데요

부부에게는 한창 옹알이하던 아기가 있었지요
가진 건 없어도 금슬은 좋아
언제나 웃음이 떠나지 않았습니다

그러던 어느 연둣빛 찬란하던 봄날
시름시름 앓던 아기가 끝내 부부 곁을 떠나고 말았는
데요

지금도 귀밑머리 흐트러진 채
울타리 옆 도랑가에 주저앉아
한없이 흐느끼던 새댁의 순간을 기억합니다

그때, 그 새댁 옆에서
고개 떨군 얼굴 쳐다보며 해맑게 웃어 주던
한 떨기 노란 꽃, 애기똥풀꽃

생전의 아기가 새댁과
눈 맞추며 옹알이하던 그 모습이었습니다

작은 거인의 웃음

먼 산엔 아직도 잔설이 희끗희끗한데

전철역 입구 시멘트 담벼락 틈바구니에서
키 작은 민들레꽃 한 송이가
물 본 기러기같이
꽃 본 나비같이
의기양양한 표정으로 웃고 있습니다

이 땅에 설쳐 대던 동장군을 몰아냈다고
망설이던 남녘 봄바람도 불러들였다고
이제부터 아름답고 찬란한 연둣빛 세상이 펼쳐진다고

홀로 적진에 뛰어들어
사뭇 불리한 여건을 온몸으로 참고 견디며
끈질긴 담판 끝에
거란의 소손녕 80만 대군을 돌려보낸
서희 장군이 되기라도 한 것처럼

폭우

산에서 캐 온 금낭화 한 포기를 화단에 심은 날 저녁
갑자기 소낙비가 쏟아지기 시작한다

혹여, 이 찬란한 연둣빛 봄날에
낯선 남자 꾐에 빠져 가출한 것으로 오해하신 건 아닐까?
공연히 내가 마음이 불안해진다

나는 다만, 그가 더 넓은 세상에서
분홍빛 꿈을 마음껏 펼칠 수 있도록 이주시켜 온 것뿐인데

방 안에서도 들린다
굵은 회초리로 매 맞는 소리가

아, 모든 것이 내 탓인 것만 같아
나는 밤늦도록 마음이 편치 않았다

큰 죄라도 지은 사람처럼 고개 숙인 그의 어깨 위로
하늘은 여전히 비를 쏟아붓는다
분노한 마음 가라앉힐 줄 모르고

천둥번개에 눈 부릅뜨고 고함까지 치면서

달맞이꽃

냇가 여기저기 달맞이꽃 피었다

어둠 속에서도 반딧불이 불빛처럼 빛나는 얼굴들이
초저녁 무더위 피해
삼삼오오 냇가에 나온 동네 아낙들 같다

간들바람이 은근슬쩍 몸 비비며 지나가고
냇물도 대놓고 질척거리지만
모르는 척 저들만의 수다가 한창이다

밤이 되면 잠을 안 재워 몸은 피곤하지만 그래서
신랑이 더 사랑스럽다며 얼굴 붉히는 신혼의 꽃분이
새댁

처음으로 아들이 반장에 뽑혔다고
입에 침이 마르지 않는 똘이 엄마

얼굴 몸매 다 예쁜데 다만 아직도 아이가 없어
그저 넋 놓고 듣기만 하는 영실네처럼
무더운 한여름 밤이 깊어 가는 줄도 모르고

낮에 내린 소나기가
미세 먼지 말끔하게 걷어 간 밤하늘

막이 오르고
요즈음 인기 트로트 팬덤 가수 등장하듯
동산에 두둥실 둥근달이 떠오르자

반가워요!
사랑해요!
보고 싶었어요!

달맞이꽃 일제히 촛불 들고 일어서서는
목젖이 보이도록 자지러지며 환호성을 질러 댄다
어둠 속 고요하던 냇가가 한바탕 시끌벅적해진다

무궁화꽃

밤바람이 소슬한 아파트 입구
누구를 기다리는 걸까?
버스 정거장 바라보는 아낙 표정이
한없이 푸근해 보인다

아마도 귀갓길 남편일 것 같다
식구들 모두 함께 마중 나온 걸 보면

손에 손잡고 엄마 따라나선
고만고만한 붕어빵 같은 아이들
하나같이 눈빛이 수은등처럼 맑고 밝다

저 사랑스러운 자식들을 위해 오늘도
허리가 휘도록 일하였을 사내
지금쯤 퇴근길 어디선가
한잔 소주로 고단한 하루를 눅이고 있을지도 몰라

밤은 깊어 가는데
바람은 더욱 차가워지는데

마음은 자꾸만 초조해지건만
어쩌다 오늘 하루 일당 한입에 털어 넣고 온다 해도
미간에 주름도 한번 못 지을 듯한
순둥이 무궁화 한 그루 밤이슬에 젖는다

안개꽃

서러워 말아요

운명인 것을

뭉치면 살고 흩어지면 죽는,

피할 수 없는

당신의

아카시아꽃

저 유쾌한 웃음 너머 힘겨웠던 세월을
사람들은 알지 못한다

살아온 이야기를 글로 쓴다면
아마도 책 한 권은 거뜬할 듯한데

부딪히고 넘어지며 버텨 온 가시밭길에
온몸은 가시투성이지만
이만하면 잘 살아온 삶이 아니겠냐고
어제에 감사하며 오늘을 행복한 마음으로 보내고 있다

비 오면
비 오는 대로

바람 불면
바람 부는 대로

남은 생은 베풀며 살겠노라고
한 해 한 번 이웃에게 마음 대접 푸짐하게 하는
망백의 우리 노모 넉넉한 웃음을 닮은 꽃

도깨비바늘

혹여,

이런 스토킹을 당해 본 적 있나요?

우리 사는 세상에
이보다
더,

끈질기고 이상한 스토커들이 또 있을까요?

아무리
을러대고 윽박질러 보아도

무작정 바짓가랑이 붙잡고 늘어지는,

도무지 포기할 줄 모르는

도꼬마리의 출가

산 좋고 물 맑은 산간마을에서 태어났다네

밤하늘 별빛 우러르고 솔바람 물소리 들으며
아주까리 열매처럼 야무지게 잘도 컸는데

세상에 기댈 곳 하나 없이
가진 거라곤 오직 튼실한 몸뚱이 하나뿐

어머니는 형제들과 우애 좋게 지내며
마음속에는 큰 뜻을 품고
부디 귀인을 만나
더 멀리
더 넓은 세상으로 나아가라고 가르쳤다 하는데

형제들은 하나같이 붙임성도 좋아
나는 오늘 참으로 효심 깊은 형제들을 만났다네

개도둑놈의갈고리

얼마나 외로웠으면
이토록 옷자락에 매달리는 걸까

적막한 산골살이 부디
흐릿한 삶을 벗어나고픈 필생의 염원을 내치지 말아
달라고
상기된 얼굴이 촉촉한 눈망울로 애걸을 하네

가지마다 다다귀다다귀 내려앉은
분홍빛 작은 꽃나비 표정으로 웃고 있지만
갈고리 손은 이미 바짓가랑이에 깍지를 끼었는데

오, 앙증맞은 몸짓에서 솟아나는 집착이
어쩌면 내 작은 연민마저 이토록 질리게 하는지

그러길래 얼굴보다 성격이라는 것을
오죽하면 형벌 같은 이름으로
다시 한번 일깨워 주는 꽃

쑥을 위하여

가슴이 웅장해진다
네 작은 가슴 속 위대한 무심의 힘을 바라보는 일

보라!
견디기 어려운 명예와 자존감의 조롱에도
단 한 번 얼굴을 붉혀 본 적 있었던가!

네 무심의 힘을 접한 후
나도 이제 세상에 대하여 무심해지기로 했다

너를 만나는 건 어렵지 않아
하루에도 십수 번씩 수신되는 광고 메일과도 같지만
무심하게도 나는 네 무심을 한 번도 클릭하지 않았었다

오, 위대한 무심이여
아름다운 무심이여

내 언제 한 번이라도
누군가에게 희망의 메시지를 보내 본 적 있었던가?

너는 너대로
나는 나대로

우리는 각자 독특한 빛과 사명을 지니고 이 세상에
나온 존재들

세속적 욕망과 가치 판단에서 벗어난
네 작은 몸에서 솟아나는 푸른 불굴의 힘이여!

낮달마저 뜨거운 응원의 미소를 보낸다

지금 네 몸을 어루만지는 바람의 손길에
뿜어낸 무심의 향기가 사방으로 흩어지고 있다

칡과 소나무

산비탈이 거대한 칡넝쿨밭이다

가까이 다가가 보니 억새와 잡풀,
작은 참나무와 소나무, 잡목들이 통째로 칡넝쿨을 뒤집어쓴 채
그늘 속에 갇혀 있다

뼈대가 없어 바닥이나 기어야 할 족속이
신분 상승을 위한 끝없는 욕망 때문일까?
더 이상 오를 곳이 없는
소나무 위에서도 허공을 향해 허우적거리고 있다

욕망은 생의 밑바닥에서 더욱 강렬해지는 것
오르기 위해서는 언제나 누군가의 희생이 뒤따르는 것인데

나도 한때 남을 밟고 올라 본 적 있었다
하지만 내가 남을 밟고 있었다는 사실을 안 것은
훗날 내가 남에게 밟혀 보고 난 후의 일이었다

무성한 칡넝쿨의 발길에 밟힌 소나무
계략에 휘말린 장수처럼
온몸을 옥죄어 오는 공포의 시간 앞에서도
꺾일지언정 결단코 자존감을 굽히지 않을 것이다
그 자존감이 시간을 펼쳐 산을 저토록 푸르게 하였을
테니까

삶에서 지혜로움을 찾는다는 건 쉽지 않은 일
한때의 아름답고 조화롭던 상생의 관계가
일방적 구속의 부담이 되어 버린 지금
오가는 사람 아무도 없는 외딴 산비탈에서
선 채로 백골이 된다 해도
소나무는 끝내 죽음의 기울기조차 거부할 것이다

나는 아무 말도 하지 못한다

가슴을 적시고 있을지도 모를 소나무의 눈물을 보지
못하고
애절한 심장의 울음도 듣지 못한 채

인사도 없이 다가오고
인사도 없이 멀어져 가는 저 사람들처럼

해설

자연에의 동화, 그 성찰과 존재의 근원

이완우(문예 창작 박사)

1.

왜 하필,

'자연에의 동화'인가, 게다가 '성찰과 존재의 근원'이라는 표현은 또 무엇이란 말인가.

시평깨나 써 본 평론가라면 누구나 한 번쯤 끌어다 썼음 직한 어구를, 틈날 때마다 창작의 제1순위로 새로움을 강조하던 필자가 차용해 쓰는 것은 실로 모순적인 행동이 아닌가 말이다.

그렇다.

'자연에의 동화'니 '성찰과 존재의 근원'이니 하는 표현은 흔하디흔한 진부한 표현이 분명하고 몰개성적이라는 지적을 받아도 변명의 여지가 없는 조금도 신선하지 않은 표현임에 틀림없다.

그럼에도 문학작품은, 특히 시는 작가가 메시지에 복잡한 가면을 씌워서 독자에게 보내는 치밀하게 의도된 의사 소통 행위라 할 수 있다. 그러므로 좋은 작품은 작가가 전달하고자 하는 메시지를 독자가 이해하고 공감할 수 있도록 창작한 작품임에 두말할 나위가 없다.

하나의 작품이 독자의 공감을 얻어 내기 위해서는 여러 가지 요소가 필요한바, 그중 가장 중요한 요소는 작품에서 느껴지는 작가의 창작 자세라 할 수 있다. 작가의 문학관이라 해도 좋고 작가 정신이라 해도 좋을 작가의 창작 자세는 진정성을 바탕으로 한다.

우리는 주변에서 철학적 바탕이라고는 전혀 없는, 행동은 따르지 않고 말만 번지르르하게 하는 사람들을 하루에도 여러 번씩 접하곤 한다. 속으로는 조금도 그럴 생각이 없으면서 마치 삶을 달관한 것처럼, 빈손으로 왔다 가는 인생 어쩌구 하면서 억지 미소를 짓는 따위의 말들이 그것이다. 우리는 더 이상 그들의 뻔한 말솜씨나 훈계를 존경하지 않는다. 아니 더 이상 그들의 언어유희에 속지 않는다. 철학적 바탕이 없고 행동이 따르지 않는 말이나 억지 미소로 사람들을 훈계하는 것은 가식이며 위선이다. 왜냐하면 그들의 말에는 진정성이 없기 때문이다. 진정성이 없는 말은 신뢰할 수 없어서 설득력이 떨어지는 것은 물론 혐오감마저 일으키게 만든다. 그러므로 문제는 진정성이다. 그리고 그 진정성은 지식의 영역이 아닌 삶과 체험을 통한 깨달음의 영역이라 할 수 있다.

오랫동안 많은 독자에게 사랑받고 있는 시편들을 보면 삶과 체험을 통한 깨달음을 진정성 있게 보여주고 있다는 것을 알 수 있다.

필자가 '자연에의 동화, 그 성찰과 존재의 근원'이라는 진부한 평을 쓸 수 있는 용기도 삶과 체험을 통해 자연스럽게 우러나는 시인의 진정성을 알고 있기 때문이다.

필자는 시인의 친동생이다.

필자가 기억할 수 있는 그 어느 날인가부터 그는 우리 마을의 전설이자 선망의 대상이었다. 초등학교 때부터 고등학교를 졸업할 때까지 1등만 했다는 시인은 공부만 잘 한 것이 아니었다. 글짓기는 물론 주산, 그리고 탁구 등 운동에 이르기까지….

어린 시절 내 삶의 목표는 그가 지나간 길을 따르는 것이었다.

"느 형은 글짓기를 잘해서 대회를 나갈 때마다 상을 타 왔는데……."

"느 형은……."

"느 형은……."

어머니가 무심한 듯 툭툭 던지곤 하던 말은 곧 내 삶의 목표가 되었다. 교지였는지 아니면 단순히 학교 문집이었는지 정확히 기억나지는 않지만 실제로 필자는 고등학교 시절의 그가 쓴 시를 당시에는 좀처럼 접하기 힘들었던 활자화된 지면으로 접하기도 했었다.

그리하여 유달리 샘이 많았던 필자는 그가 했던 것처럼 글짓기, 주산, 탁구 등을 배워야 했다. 심지어는 그가 고등학교 졸업식 때 받은 도지사상을 질투하던 끝에 필자도 초등학교 때 문교부장관상(교육부 장관)을 받았으며 졸업식 때는 교육장상을 받는 등 대략 그가 걸었던 길을 비슷하게 따라가기도 했다.

여담으로 말하자면 내가 도저히 그를 따라갈 수 없었던 것이 하나 있다. 그것은 바로 외모였다. 그는 정말 준수한 미소년이었다. 네잎클로버 속에 얼굴이 들어가 있는 그의 고등학교 시절 사진을 필자의 것이라 속이며 한동안 지니고 다녔던 기억이 있다.

그러던 그는 고등학교를 졸업하고 몇 년 후 장교가 되어 다시 마을에 나타났다. 양어깨와 모자에서 빛나던 흰색 다이아몬드, 그것은 마을의 전설이자 우상이었던 그에게 걸맞은 모습이었다.

그러나 그것이 진정으로 그가 원하던 길이 아니었음을 알게 된 것은 필자가 철이 들고 난 후였다. 집안 형편 때문에 그는 대학 진학을 포기하고 군인이 되었던 것이다.

그 후 비교적 이른 나이에 전역한 그는 꿈을 접은 채 생업의 현장에서 치열하게 살아야 했다.

그리고 늦은 나이에 다시 문학의 길을 걷기 시작했다.

2.

시 창작 과정을 대상의 포착, 포착된 대상에 대한 의미 부여, 문학적 형상화의 세 단계로 구분할 때 시인의 다섯 번째 시집인 『자작나무를 타다』의 창작의 시작은 자연물과의 만남에서부터 비롯된 것이라 할 수 있다.

할 수만 있다면, 나는
볕 안 들어 어둑한 치악산 깊은 골짜기에서
비탈길 지키는 너럭바위로 지내고 싶다

해와 달, 별을 벗 삼아
물소리 바람 소리로 눈과 귀를 씻으며

적막한 고독에 한없이 깊어진 채
혼자서도 봄날을 견디어 내는 비탈길 옆 너럭바위로

성내고 미워하며 살아도 세월은 흐르고
조금은 모자라고 부족해도 큰 손해 볼 것 없는 세상

속을 줄도 알고
물러설 줄도 알면서
알아도 모른 척
몰라도 모른 척 속없는 미소를 보내리

서 있어도 기울어지는 비탈길일지라도
아무리 이익 좇아 서슴없이 낯빛 바뀌는 세상이라 할지라도
여일한 참마음으로 그 자리 지켜

오는 사람 막지 않고
가는 사람 잡지 않으리

누구라도 무거워진 발걸음
아무런 눈치 볼 일 없어 부담 없이 머물다 가는

할 수만 있다면, 나는
볕 안 들어 어둑한 치악산 깊은 골짜기에서
비탈길 지키는 너럭바위로 지내고 싶다

− 「너럭바위의 꿈」 전문

'치악'은 시인의 고향에 있는 산이다. 시인은 치악을 보면서 태어났고 치악을 보면서 성장했으며 치악을 보며 살아가고 있다. 그러므로 시인에게 치악은 평생을 함께해 온 친구인 동시에 동반자이다. 시인의 시에 치악이 자주 등장하는 이유도 거기에 있다.

시인은 그 치악에서 만난 '너럭바위'를 통해서 자신의 소망을 이야기한다.

「너럭바위의 꿈」을 통해 시인이 꿈꾸는 삶은 속세를 벗어난 탈속의 삶이다. 그리하여 적막한 고독에 깊어진 채, 자연(해와 달과 별)을 벗 삼아 자연(물소리와 바람 소리)으로 속세에서 보고 들은 흔적을 씻어 내고자 한다. 그곳에서의 시인은 성내지 않고 미워하지 않으며 때로는 속기도 하고 때로는 모르는 체 눈감아 주면서 살아가고 싶어 한다. 그러면서 "누구라도 무거워진 발걸음"을 가진 사람이라면 아무런 눈치 없이 잠시 머물다 가게 하고 싶다는 소망을 이야기한다. 역설적으로 생각해 보면 그가 속세에서 무거워진 발걸음으로 이곳저곳 눈치를 보며 살았음을 보여 주는 대목이기도 하다. 그리하여 시인은 속세에서 자신처럼 힘겨운 삶을 사는 사람에게 조금이라도 위안을 주는 삶이 되기를 소망하는 것이라 해석할 수 있다.

이팝나무꽃이 피었습니다

올해도 어김없이
큰길가 이팝나무 가로수에
밥사발 같은 하얀 꽃이 피었습니다

이팝나무꽃을 보면,

이팝나무꽃을 보면
지금도
붉은 오뉴월
허기진 어린아이 눈빛으로 지켜본
방앗간집 그 하얀 쌀밥이 생각납니다

꿈속에서도 나타나던,
방앗간집
온 식구 소반에 둘러앉아 사발 한가득씩
행복하게 식사하던 그 하얀 쌀밥

— 「이팝나무꽃」 전문

    마치 나무의 꽃이 이밥(흰 쌀밥)처럼 생겨서 불리게 됐다는 이팝나무. 흰 쌀밥은커녕 끼니조차 해결하기 힘들었던 시대를 살아온 시인에게 이팝나무는 눈물겨운 시의 소재가 아닐 수 없다. 그러므로 끼니를 걱

정해 보지 않은 풍요로운 시대를 살아온 사람들이 이 시에 대하여 섣불리 평가할 수 있는 문제가 아니다.
  이팝나무 가로수를 보면서 유년 시절 허기진 눈빛으로 바라보던 방앗간집 하얀 쌀밥의 추억을 떠올리는 시인의 마음이 애처롭다.

비 내리는 골목길을 보헤미안처럼 걸었지

후미진 골목을 지나는데
금세라도 카프카의 인기척을 느낄 것만 같았네

잃어버린 시간은 찾을 생각도 없이
노을빛 붉은 블타바강을 남겨 둔 채
카프카는 왜 프라하 탈출을 꿈꿨을까?

네모난 광장에는 어제의 바람이 지나고
사람들은 오늘도 청동 투구를 쓴 채
꼴레뇨와 굴라쉬
한 잔의 필스너 우르켈을 즐기고 있는데

광장 건너 성당 첨탑 위
낮달도 귀 기울이는 천상의 종소리는
서녘에서 얻은 나만의 신성한 구원의 메시지였어

오, 지금은 내 삶의 마지막 오목 변곡점의 시간
비에 젖은 카를교에 올라
네포 무크 신부 청동상 앞에서 소원 하나 빌어 볼까 싶어

비록 카프카만큼은 아니더라도
먼 후일 어느 날까지는 내가
나에게 부여할 수 있는 멈추지 않는 용기를 갖게 해 달라고
가슴에 남을 한 줄 위한 붓방아질을 멈추지 않게 해 달라고

- 「프라하에서의 기도」 전문

  시인은 프라하에서 카프카를 떠올리며 글쓰기를 멈추지 않게 해 달라고 기도한다. 어찌 보면 프라하가 카프카의 고향이므로 그곳에서 카프카를 떠올리는 일이나, 카프카처럼 가슴에 남는 글쓰기를 할 수 있도록 해 달라는 기도는 자연스러운 일일 수도 있겠다. 그러나 시인이 프라하에서 카프카처럼 가슴에 남을 수 있는 글쓰기를 소원한 것은 단순히 그곳이 카프카의 고향이기 때문만은 아닌 듯하다.
  카프카는 부모의 억압 아래 부모님이 바라는 대로 모범생의 삶을 살고 법대에 진학한 후 엄격한 규율을 요구하는 보험 회사에 취직하는 등의 삶을 살았다고 한다. 스무 살 무렵부터 글쓰기를 시작했던 카프카는 보험 회사에 취직한 후에도 글쓰기를 계속했으나 실

생활에 도움이 되지 못한다는 이유로 부모는 그의 글쓰기를 반대했다. 이토록 위압적이고 가부장적인 환경으로 인해 삶의 의지가 꺾인 카프카는 사회적으로도 소외된 사람(독일인 학교를 다닌 유대인이었기 때문에 독일인과 유대인 모두에게 외면당했다고 함)이었다고 한다. 결국 가정과 사회 어느 곳에도 마음을 두지 못한 채 평범한 삶에 실패한 카프카가 도피할 수 있는 곳은 문학의 길밖에 없었다. 그러므로 카프카에게 문학은 구원의 길이었던 것이다.

아마도 시인은 그런 카프카에게서 동질감을 느꼈던 것 같다. 어려서부터 모범생이었던 시인, 그러나 원하지 않았던 군인의 길을 걸어야 했던 가정환경, 그리고 결국에는 문학의 길로 돌아온 자신. 시인에게도 문학은 구원의 길이었을 터다.

시인은 카프카의 흔적이 남아 있는 그곳에서 가슴에 남을 글 한 줄 써야겠다고 구원의 길을 간절히 바라는 것이다.

가슴이 웅장해진다
네 작은 가슴 속 위대한 무심의 힘을 바라보는 일

보라!
견디기 어려운 명예와 자존감의 조롱에도
단 한 번 얼굴을 붉혀 본 적 있었던가!

네 무심의 힘을 접한 후
나도 이제 세상에 대하여 무심해지기로 했다

너를 만나는 건 어렵지 않아
하루에도 십수 번씩 수신되는 광고 메일과도 같지만
무심하게도 나는 네 무심을 한 번도 클릭하지 않았었다

오, 위대한 무심이여
아름다운 무심이여

내 언제 한 번이라도
누군가에게 희망의 메시지를 보내 본 적 있었던가?

너는 너대로
나는 나대로

우리는 각자 독특한 빛과 사명을 지니고 이 세상에 나온
존재들

세속적 욕망과 가치 판단에서 벗어난
네 작은 몸에서 솟아나는 푸른 불굴의 힘이여!

낮달마저 뜨거운 응원의 미소를 보낸다

지금 네 몸을 어루만지는 바람의 손길에
뿜어낸 무심의 향기가 사방으로 흩어지고 있다

- 「쑥을 위하여」 전문

시인이 위대한 이유는 일반인들과는 다르게 대상을 바라보고 거기에 자신만의 의미를 부여할 수 있는 시각을 가지고 있다는 점이다. 거기에 자신이 겪어 온 삶과 철학이 투영되어 있다면 더욱 그러하다.

위 시에서 시인이 바라보는 대상은 쑥인바, 시인은 쑥을 통해서 무심을 배운다.

시인은 쑥을 참을 수 없는 명예와 자존감의 조롱에도 얼굴 붉히지 않고 세속적 욕망과 가치 판단에도 무심한 존재로 보고 있다. 그래서 쑥의 무심을 보면 가슴이 웅장해진다고 하고 있으며 낮달마저도 그 아름답고 위대한 무심을 향하여 응원을 보낸다고 생각한다.

이렇듯 시인은 자연을 통해 자신을 돌아보고 있으며 때로는 그것을 닮고자 하기도 하고 때로는 그것에 존경심을 표하기도 하고 응원을 보내기도 한다.

3.

시인이 포착한 또 다른 자연은 우리가 일상생활에서 함께 살아가야 하는 나약한 존재들이다. 시인은 그 나약한 존재들을 자신과 동일시한다.

밤사이 텃밭에 또 산짐승이 다녀갔나 보다

어지러운 발자국
갓 피어난 콩잎에 새겨진 선명한 이빨 자국

동네 사람들 말로는 고라니 소행일 것이라 했고
새끼 딸린 어미 한 마리가
밤이면 수시로 나타난다고 했다

안타까우면서도 문득
숲속 작은 옹달샘 같은 눈망울이 떠오른다

긴장의 끈을 움켜쥔 채
심장을 졸였을 그 어미의 심정이 느껴진다

산이 가까워 마을 집 주변에 자주 나타나는 산짐승들
늦은 밤이면 어둠 속에서
삶을 위한 필사의 흔적을 남기곤 한다

산다는 것은 어쩌면
끊임없이 선택의 문을 찾아 나서야 하는 일

허기진 새끼가 이어 가야 할 내일을 위하여
모험일 수도 있는 문을 열어야 하는
오, 어미의 아슬아슬한 선택의 순간들이여!

오늘 밤도 녀석들은
어디론가 제 발자국을 찍으며
낯선 어둠 속 또 다른 선택의 문을 향하여
힘겨운 발걸음을 옮기고 있을 것이다

― 「선택의 문」 전문

시인은 새끼들을 거느리고 마을에 나타나 농민들이 애써 지은 농사를 망쳐 놓는 산짐승에 동질감을 느낀다. 허기진 자식을 위해 위험할 수도 있는 선택을 해야 하는 산짐승과 생존을 위해 처절한 생업의 현장에 뛰어들어야 했던 자신을 동일시하고 있는 것이다.

눈아
눈아
하얀 눈아

치악산 시루봉 미륵불탑 위에
올겨울 들어 제일 먼저 내린 하얀 눈아

내리려거든
서울특별시 종로구 송월동 서울기상관측소에 내렸어야지

내리는 네 모습을
관측소 직원이 눈으로 직접 관측해야만
올해의 첫눈이라 인정할 것인데

눈아
눈아
하얀 눈아

치악산 시루봉 미륵불탑 위에
올겨울 들어 제일 먼저 내린 안타까운 하얀 눈아

- 「할아버지의 불탑」 전문

치악산 시루봉 미륵불탑 위에 올겨울 들어 제일 먼저 내린 눈은 서울특별시 종로구 송월동 서울기상관측소에 내리지 않았다는 이유로 첫눈으로 인정받지 못한다. 아마도 시인은 세상을 살면서 억울하게 인정받지 못한 삶을 경험했을지도 모르겠다. 그러한 체험을 통하여 자신과 눈을 동일시하여 안타까운 눈으로 바라보고 있는 것이다.

어느 날 아침 텃밭에서 만난 벌레 한 마리

가늘고 기다란 생의 두 자침으로
세상을 두드리며
제 식구들 근심 구하러 집을 나선
온전히 맨발이었던 그 벌레

뻗으면 손 닿을 곳에서
하루 벌어 하루 버티며 혼돈의 이 시대를 견뎌 내고 있는
또 다른 내 이웃이라는 생각에
나는 저녁이면 창을 열어 늦었을지도 모를
그의 귀갓길을 밝혀 주고는 하였는데

온 세상 한가득 연둣빛 찬란한 이 봄날 저녁

그림자 길어진 내가
자연의 철학자도 아닌 내가 새삼
존재하는 모든 것에는 원인이 있다는 말을 실감하여
일상의 끈 위에서 뛰어내려
카미노 데 산티아고 순렛길을 떠나고 싶어진다

영원할 줄만 알고 함부로
낭비해 버린 내 삶의 번아웃에 빠져 버린 내가
눈물로 떠났다가
웃으며 돌아온다는 그곳을 향해

- 「어스름 창가에 기대어 문득」 전문

   시인은 어느 날 아침 텃밭에서 벌레 한 마리를 발견한다. 시인의 눈에 벌레는 두 개의 더듬이로 세상을 두드리며 제 식구 근심을 구하러 가는 길이다. 거기다 벌레는 맨발이다. 그리고 시인은 벌레를 하루

벌어 하루를 버티며 혼돈의 시대를 살아가는 이웃이라 생각한다. 그래서 시인은 저녁이면 늦었을지도 모를 벌레의 귀갓길을 위해 창문을 열어 길을 밝혀 주곤 했단다.

이 시에서도 시인은 가족들을 위해 고단한 삶을 살아야 했던 자신과 벌레를 동일시하고 있다. 그래서 "눈물로 떠났다가 웃으며 돌아온다는" 순롓길을 떠나고 싶어 한다. 시인은 웃고 싶은 것이다.

치악산 둘레길을 걷다가 소나무 그루터기를 만났다

육신은 세상에 보시하고
넋마저 떠나 버린 한 그루 소나무 그루터기

한때는 솔향기 흩날리며
우렁찬 솔바람 소리로 계곡을 흔들었을 거다

비는 비로, 바람은 바람으로 막으며
한겨울에 더욱 푸르러
모두의 부러움을 한 몸에 받았을 것이다

가끔은 어디선가 자라고 있을
제 모습 **빼닮은** 어린것들을 생각하며
흐뭇한 미소를 머금기도 했을 것인데,

나는 오늘 엄연한 한생의 마지막을 목격한 것이다

한 몸을 이루었던 몸을 잃어버린 중심
해와 달과 멀어진 중심

물과 바람, 가족과 이웃들 모두와 헤어진 마지막 중심이

천천히
아주 천천히
소리도 없이

눈과 비를 맞으며 바람 속으로 스러져 가는 모습을

- 「마지막 중심」 전문

    시인은 둘레길을 걷다가 만난 소나무 그루터기와 자신을 동일시한다. "한때는 솔향기 흩날리며 우렁찬 솔바람 소리로 계곡을 흔들었을" 소나무. 비와 바람 따위는 다 이겨 내고 "모두의 부러움을 받았을" 소나무. 가끔은 어디선가 자라고 있을 자신의 모습을 닮아 있을 자식을 생각하며 흐뭇한 미소를 머금었을 소나무였으나 이제 하나의 그루터기로 생을 마감한 것이다. 소나무 그루터기를 바라보며 한때는 해와 달, 가족과 이웃의 중심이었으나 이제는 은퇴하여 낙향한 자신을 돌아보고 있는 것이다.

전봇대와 나뭇가지 사이에 팔문금사진(八門金蛇陣)을 친
무당거미

제 가족의 근심을 구하기 위해 나온 듯
천천히 다가오는 말벌 한 마리

어서 오라고
반갑다고
같이 놀자고

갑자기 그네를 타기 시작하는 무당거미
트램펄린 높이 뛰기에
빙글빙글 줄넘기까지

세상엔 언제나
뛰는 놈 위에 나는 놈이 있는 것

얄팍한 그 꼬임에 넘어갈 내가 아니라고
네 맘 나 다 안다는 듯

언감생심 기는 놈이 어디 감히 나는 나를 넘볼 수 있느냐
고 하듯

호기롭게 무당거미 진영을 한 바퀴 둘러보고는
등 돌려 멀리 사라져 가는 말벌

눈앞에서 내일을 이어 갈 양식을 놓쳐 버린 무당거미
애써 표정 관리 해 보려 하지만
민망한 시선 어쩌지 못해 미동조차 하지 못한 채
저 혼자 머리 박고 반성 또 반성 중이다

- 「세상만사 1」 전문

  이 시에서 시인은 일종의 관람자인 것처럼 보인다. 시인은 "팔문금사진"을 쳐 놓고 먹이를 기다리는 무당거미와 "가족의 근심을 구하"러 나온 말벌 중 어느 한쪽에도 더 애정을 보이지 못하고 일정한 거리를 둔 채 두 대상의 생존 경쟁을 담담하게 구경하고 있다. 그러나 조금만 더 세심히 시를 읽어 보면 시인은 거미와 말벌 두 대상에 치우침 없이 공정하게 자신을 이입시키고 있다는 것을 알 수 있다.
  일용할 식사를 위해 사냥 준비를 하고 있는 거미나 가족의 근심을 해결하기 위해 나온 말벌은 모두 가장으로서의 책임을 다하기 위해 치열한 생존 활동을 하는 것이기 때문이다.
  그래서 시인은 호기롭게 무당거미 진영을 벗어나는 말벌에 안도하면서도 식삿거리를 놓쳐 버린 거미를 "민망한 시선 어쩌지 못해 미동조차 하지 못한 채 저 혼자 머리 박고 반성 또 반성 중"이라고 안타까워하는 것이다. 시인에게는 가까스로 위험을 벗어난 말벌

이나 식삿거리를 놓친 거미나 모두 치열하게 생활 현장을 지켜야 했던 자신의 모습으로 느껴졌을 터이다.

이 시에서도 시인은 역시 시적 대상인 나약한 존재들에 자신을 동일시하여 자신을 돌아보고 반성하는 삶의 태도를 보이고 있다는 것을 알 수 있다.

4.

시인의 시각에는 식물과 동물만이 있는 것은 아니다. 시인은 자신의 내면을 향한 시각 즉, 끊임없는 자기 성찰과 사색을 통하여 깨달음을 얻어 가는 과정도 보여 주고 있다.

삶을 따라 떠돌았다

치악에서 논산으로 논산에서 광주로 광주에서 대전으로 대전에서 백학으로
백학에서 고랑포로 고랑포에서 적성으로 적성에서 횡성으로 횡성에서 베트남으로
베트남에서 서울로 서울에서 다시 대전으로 대전에서 다시 서울로 서울에서 대구로
대구에서 영주로 영주에서 원주로 원주에서 화천으로 화천에서 다시 원주로

원주에서 부산으로 부산에서 울산으로 울산에서 의정부로
의정부에서 다시 서울로
서울에서 인천으로 인천에서 결국 치악으로

바람처럼 떠돌았다

숨이 차게 떠돌았다

돌이켜 보면 나는 언제나 떠도는 삶이었다
떠돎을 통하여 삶을 만났고
떠돎을 통하여 삶을 읽고 삶을 해석하는 능력을 키웠다

그리하여 인생의 능력은 결국 삶을 해석하는 일이라는 걸
알게 되었다
그것은 매우 부끄러운 일

그간의 내 떠돎은
기쁨의 탄성
혹은 한숨과 탄식으로
때로는 절망의 눈물로
때로는 희망의 메아리로 다가오기도 했었다

이제 내 생의 창고에는 해석 능력의 세계로 가득 차 있지만
나는 오늘도 지속적인 그것들의 보존을 위하여
끊임없이 새로운 공기를 불어 넣는 중이다

- 「떠돌던 시간」 전문

시인은 전국을 떠돌며 살았다. 그야말로 숨이 차게 떠돌며 살았다. 때로는 기뻐하고 때로는 탄식하고 때로는 절망하기도 하고 때로는 희망을 느끼기도 하는 떠도는 과정에서 시인은 "인생의 능력은 결국 삶을 읽고 해석하는 일"이라는 것을 알고 부끄러움을 느낀다. 그러나 "지속적인 그것들의 보존을 위하여 끊임없이 새로운 공기를 불어 넣"겠다는 시인의 말처럼 삶을 해석하는 일이라는 것을 안 것이 부끄러운 일은 아닐 것이다. 그것은 오히려 치열한 삶을 통해 깨달은 진정성 있는 고백이라 할 수 있다.

치악산에 눈 내린다
힘주어 내린다

내리는 게 아니라
이건 아예 쏟아붓는 거다
흐릿한 세상 명징하게 덮어 가리려는 듯이

아, 나는 이제 서울이 아닌
치악산 기슭 허름한 누옥 우줄재에서
힘 빼고 사는 세속적 은둔의 불량감자

치악산에 내리는 눈은
운곡(耘谷) 원천석의 무명 흰 두루마기 같은 눈

그가 꿈꿨던 새하얀 세상이
눈이라는 이름으로 불량감자 머리 위에 내린다

새해 새 희망처럼 눈이 내린다
내가 사는 우졸재의 희망은 흐릿하지만
감자 전분 같은 하얀 눈이 목마름으로 내려앉는다

목마름은 꽃을 피우지 못하는 안타까움
고깔 바위 속으로 은신해 사라진 눈발처럼

치악산에 눈 내린다
함박눈, 불량감자처럼 치악에 주저앉는다

- 「치악에 주저앉은 불량감자」 전문

 전국을 떠돌며 치열하게 살았던 시인은 늦은 나이에 치악으로 돌아온다. 그러고는 그런 자신을 "불량감자처럼 치악에 주저앉"았다고 표현한다. 세속적 권력을 멀리하며 치악에 은둔했던 운곡처럼 치악으로 돌아왔으면서 왜 시인은 자신을 "힘 빼고 사는 세속적 은둔의 불량감자"라 했을까? 그것은 세속적 성공을 이루지 못했다는 자책 같은 것일 텐데 그 또한 솔직한 자기 고백의 하나라 할 수 있겠다.

시골에 내려와
난이나 치면서 살겠다던 내 생각은
치명적 오산이었다

극성맞은 잡초가 텃세라도 부리려는 건지
오목눈이 둥지 뻐꾸기 탁란처럼
숟가락 하나 얹어 놓고
차려 놓은 남의 밥상을 차지하려 들기 때문이다

나도 한때는
바다 건너 밀림을 헤집던 역전의 용사

초록 피의 향내 진동하도록
일전도 불사했지만
복수전이라도 펼치듯 다시 또 벌떼처럼
사방에서 들고일어나는 거였다

지금까지 나는 내 의지대로만 살아왔다
이웃들과 타협할 줄 모르고
이웃에게 양보할 줄도 모른 채

긴긴 여름 다 가도록
일진일퇴의 지난한 싸움을 벌였으나
끝내 자존감에 깊은 상처만 입은 채
세상은 어느 한 것의 전유물이 아니라
서로가 한데 어울려 공존한다는 것을 알게 되었다

자연의 섭리를 따라
자연스레 자연에 스며들어야 한다는 것까지도

뿌린 대로 거둔다는 진리를 몸소 실천하는 시골 사람들
서두르지 않는 삶의 미소가 왜 안온해 보이는 건지
마음이 점차 겸허해지는 날들이다

- 「위대한 수업」 전문

"불량감자처럼 주저앉은" 치악에서 시인은 자신을 돌아보며 조금씩 자연에 순응하는 법을 배운다.
  시인은 "시골에 내려와 난이나 치면서 살겠다던 내 생각은 치명적 오산이었다"라고 고백하면서 그 이유로 '뻐꾸기 탁란처럼 남의 밥상을 차지하려는 극성맞은 잡초'의 텃세를 들고 있다. 초록 피의 향내를 진동하면서 "벌떼처럼 사방에서 들고일어나는" 잡초와 맞서면서 시인은 상처를 입기도 하지만 남들과 타협할 줄 몰랐던, 그리고 양보할 줄 몰랐던 자신을 반성한다. 그리하여 세상은 어느 한 곳의 전유물이 아니라 서로 어울려 존재한다는 것을 알게 되고 스스로 겸허해지고자 한다. 어찌 보면 평범할 수 있는 이러한 깨달음에서조차도 독자들이 진정성을 느낄 수 있는 것은 시인의 숨기지 않고 있는 그대로를 보여 주는 솔직함 때문일 터이다.

이즈음 분주한 일이 없는 나를 나 스스로 다독여 준다

한편으로는, 나는 왜
분주할 일이 없을까 자책도 해 보다가
분주한 일이 없다는 건 겨를이 생겨
여유를 누릴 수 있게 되었다는 생각이 들어서
잊고
버리고
피하고
넘고
건너
첩첩산중으로 스며든 어떤 은사처럼
가끔 적막이 울창한 태종대를 찾아 마음을 가다듬는다

흐르는 주천강 따라 나도 함께 흐르다 보면
무심하게 맞아 주는 태종대

바람도 무심하게 노송들 잎새를 스쳐 지날 뿐
산새마저 눈길 한번 주지 않은 채 날아가는 곳

어차피 분주할 일이 멀어진 이즈음에
보거나 듣는다 해도
이내 씻거나 스쳐 버리고 마는 눈과 귀이지만
물소리 솔바람 소리 무성하고
붉게 물든 단풍이 지천인 태종대에서
잠시나마 한껏 무심해져 보기로 한다

강물은 흘러가고 바람이 불어오는 것처럼
해는 동쪽에서 뜨고 어김없이 서쪽으로 지는데
비바람 속에서도 멈추지 않고 서산을 넘어갈 것인데

분주할 일이 없어 분주하지 않은 내게
분주하게 살아왔던 지난 시간을 꺼내 보이면서
이제는 나에게 미안해하지 않기로 한다

하늘을 지나는 흰 구름처럼 그저 무심해지기로 한다

- 「무심과 사귀다」 전문

 시인은 자연과 더불어 무심해지려 노력한다. 분주하지 않은 자신을 자책하기도 하다가 분주하지 않은 것에 여유를 가지며 무심해지려 노력한다.
 이렇듯 시인의 시에는 철저한 자기반성과 성찰, 그리고 체험을 통한 깨달음과 자연의 섭리를 거부하지 않으려는 삶에 대한 태도가 가감 없이 드러나 있어 독자들의 공감을 이끌어 낸다. 특히, 시인은 가식적으로 삶의 진리나 깨달음을 이야기하는 것이 아니라 아직도 남아 있는 속세에 대한 미련이나 자신의 단점 등을 있는 대로 노출하여 보여 주고 그것을 극복하려는 자세를 보여 줌으로써 독자들의 공감을 이끌어 내고 있다.

5.

창작의 생명은 새로움에 있으며 새로움의 가치는 예술성의 바탕 위에서 의미를 지닌다. 시대와 지역을 불문하고 새롭지 않은 문학이 주목받은 예는 없으며 또한 예술성이 부족한 작품이 높게 평가받은 일도 없다.

그런 의미에서 작가는 실험과 좌절을 반복하며 끊임없이 모반을 꿈꾸고 시도하는 고독한 도전자이다. 그것이 작가의 숙명이며 의무이다.

이러한 창작 정신으로 인간 삶의 진실을 탐구하고 예술성의 가치를 실현하며 새로운 문학의 방향을 모색하기 위해 가슴 설레는 모반을 음모하는 것이 작가의 길이다.

그러므로 작가는 형식과 내용 면에서 기존의 문학에 머무르지 않고 탈주와 전복을 통한 발칙하고도 도발적인 전위를 형성함은 물론, 인간과 인생의 깊이 있는 의미를 탐구하여 새로운 삶의 방향을 제시하는 등, 실험적이면서도 예술적 완성도가 높고 또한 철학적 깊이를 지닌 문학을 지향해야 한다.

이러한 문학 지향은 '도발적 발상'으로부터 출발하며 '대상을 포착하는 개성적 시각, 대상에 대한 깊이 있는 탐구, 대상에 대한 발칙한 의미 부여, 치밀한 구성, 신선한 어휘, 독창적 표현' 등을 통해 완성된다고 하겠다.

그런 의미에서 '자연에의 동화'나 '성찰과 존재의 근원'이라는 어구는 지극히 진부하고 식상한 표현임이 분명하다.

그러나 시인은 다섯 번째 시집인 『자작나무를 타다』에서 앞서 언급한 '새로움'과는 또 다른 문학적 장치인 '진정성' 즉, 삶의 현장에서 치열하게 살아온 체험을 통한 절실함이라는 문학적 도구로 독자들과 소통하고 공감을 이루어 내고 있다는 것을 인정할 수밖에 없다.

구체적으로 살펴보면
1) 자연에서 시적 대상을 포착하고 포착한 그 자연물을 통하여 자신을 돌아보며 때로는 반성하기도 하고
2) 때로는 자연과 동일시하면서 자신을 돌아보고 의지를 다지기도 한다.
3) 또한 시인은 자신의 내면을 시적 대상으로 포착하여 자신의 존재의 근원을 탐구하기도 하는바, 이 역시 체험을 통한 철저한 반성으로부터 시작하여 극복의 의지와 깨달음의 경지에까지 이르게 된다.

그러므로 시인의 깨달음은 섣부른 깨달음이나 훈계의 말이 아니다. 누군가에게 보여 주기 위한 위선 가득한 깨달음이나 훈계가 아니라 시인이 삶과 체험, 그리고 끊임없는 성찰을 통해 우러나는 깨달음이며 일종의 자신을 향한 담담한 독백이다.

그러나 그러한 담담함이 필자에게는 마치 시인의 처절한 절규처럼 느껴져 시를 읽는 내내 먹먹해지는 가슴을 진정시킬 수 없었음을 고백한다.